THÈSE

POUR

LA LICENCE

Lenoir

1872

FACULTÉ DE DROIT D'AIX

THÈSE

POUR

LA LICENCE

PRÉSENTÉE ET SOUTENUE PAR

Émile LENOIR (de Toulon)

TOULON

TYPOGRAPHIE, LITHOGRAPHIE ET LIBRAIRIE F. ROBERT

Boulevard de Strasbourg, 56.

1872

A LA MÉMOIRE DE MES AÏEULX PATERNELS
ET MATERNELS

———

A MON PÈRE, A MA MÈRE

———

A MON FRÈRE

———

A MA TANTE SCHIATTINO

———

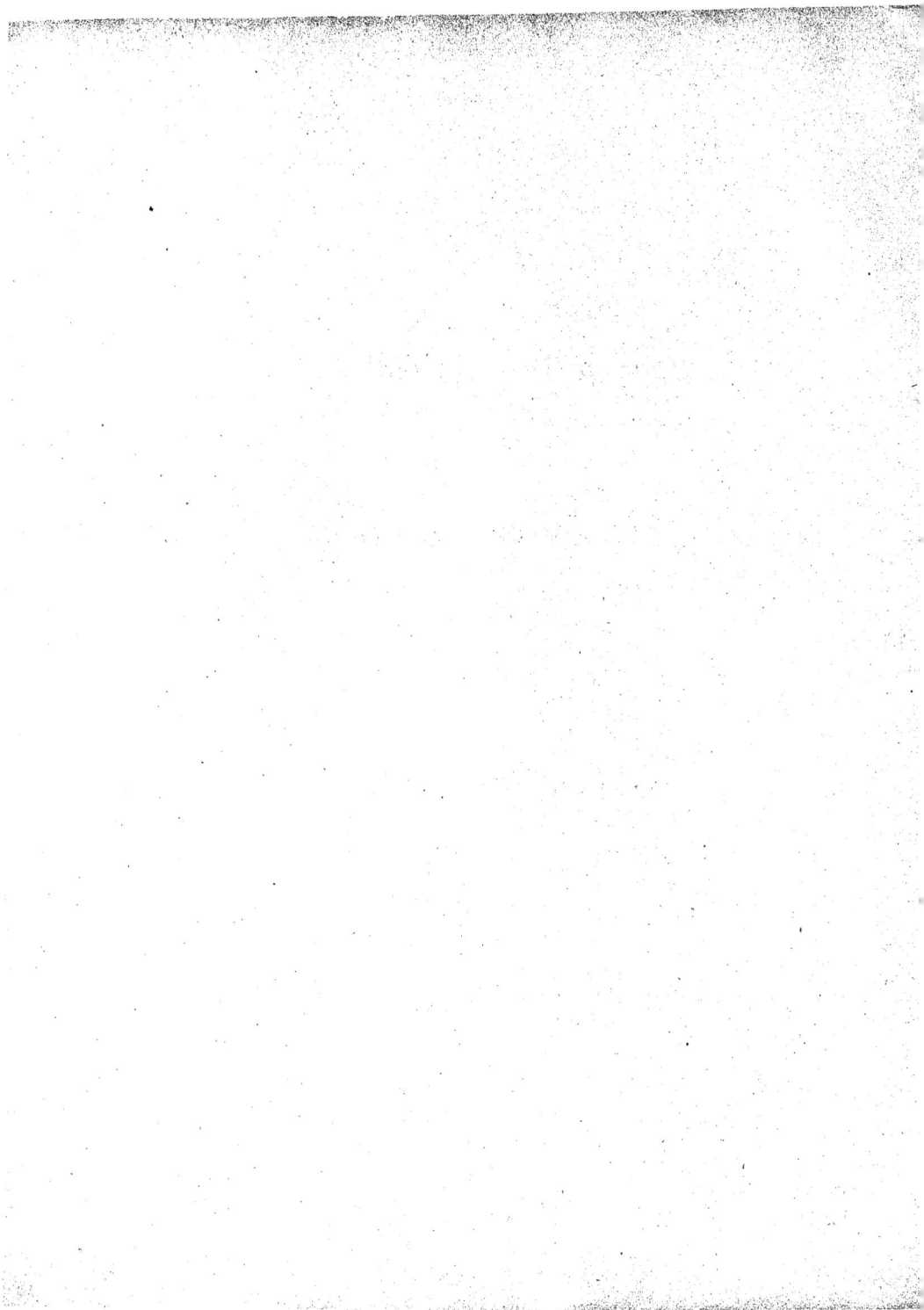

A MES PARENTS, A MES AMIS

JUS ROMANUM

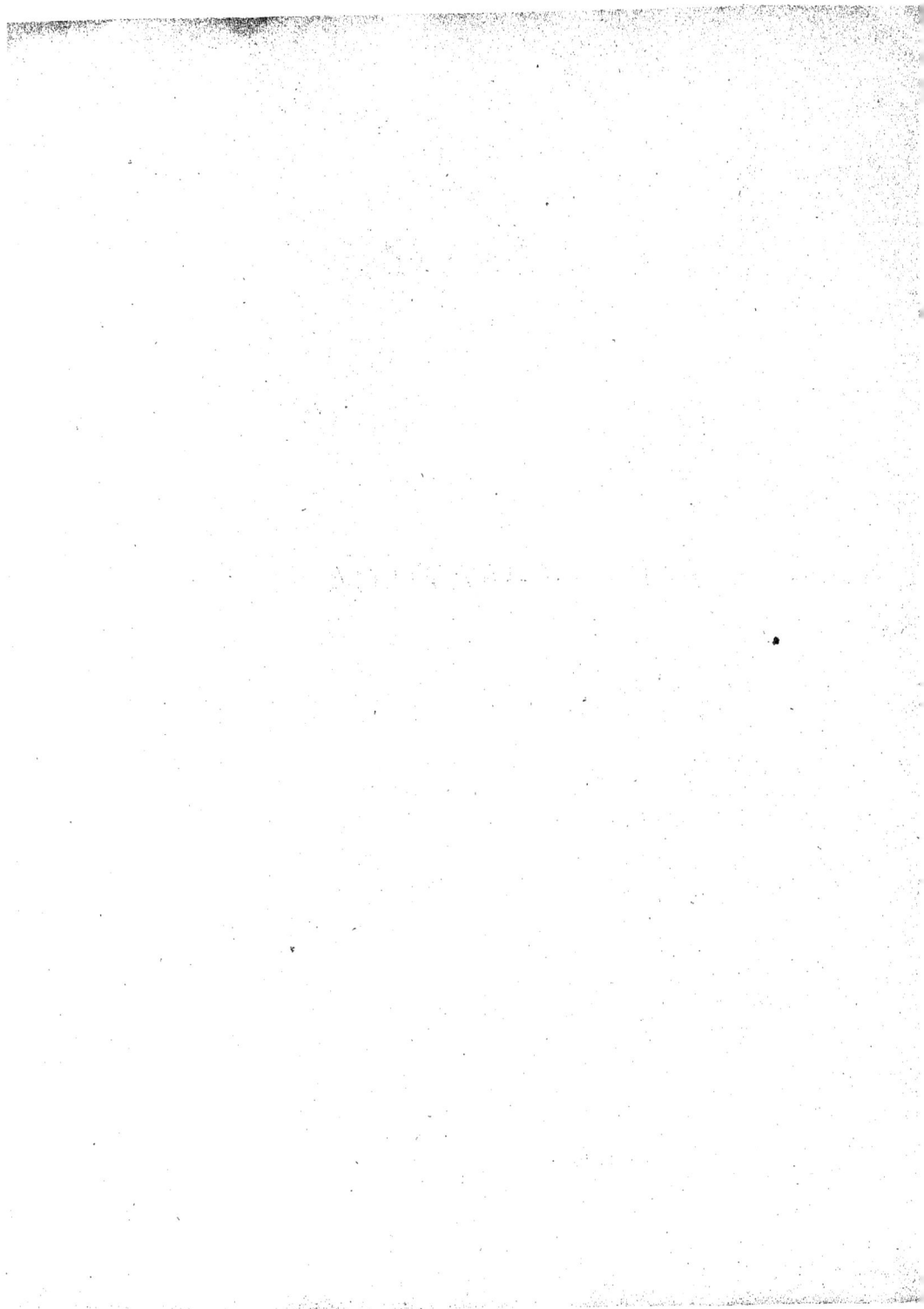

JUS ROMANUM

DE CONDICTIONE INDEBITI

Digeste. Livre XII. Tit. 6.

Secundùm æquum et bonum introducta fuit hæc condictio,
nam cuique jus est quod sine causa apud alterum deprenditur
revocare.

Quandô condictio indebiti soluti competat?

Tria autem conspirare necesse est ut hæc condictio intendi possit, scilicet :

1º Indebitum fuisse quod solutum est;

2º Quamvis indebitum fuerit, nullam ob aliam causam solutum esse ;

3º Ignorantem indebiti fuisse qui solvit.

2

I. — Oportet indebitum fuisse.

Quid sit debitum ?

Debitum aliquid habetur etsi tantùm ex obligatione ad naturam solum accommodatâ.

Itaque Pomponius : « Ex quibus causis retentionem quidem habemus, petitionem autem non habemus; ea, si solverimus, repetere non possumus. » Et equidem illa sententia comprobatur ex operis quæ vel ex officio vel ex merito quodam debentur.

Sit igitur libertus qui, quum patrono officia quædam præstaret necesse esse putaret, ea solvit : Ille condicere, ut Julianus inquit, non potest, quamvis se obligatum falsò crediderit, namque secundùm naturam libertus operas patrono præstare debet. Nec magis condicere poterit, si has operas non præstaverit, quamvis illas ab eo petierit patronus, sed datà pecunià solverit. Non aliter se res habet si pupillus tutoris injussu contrahit œs alienum et ab eo quæstum fuit : si pubes factus solvit, non condictioni locus est. Etenim ex œquo et bono nemini quæstum facere cum alterius detrimento fas est. At contrà condictionem indebiti intendere potest pupillus, quum sine tutoris jussu id solvit quod promisit, nam naturà haud tenebatur.

Debitum quoque habetur quod quis in pœnam criminis aut contumaciæ solvit. Quod attinet eas causas in quibus compensatio non admittitur, non ideo tamen minus quis reiprâ debito tenetur, quamvis ipsi ex aliâ parte debeatur. Hoc efficitur ut « qui invicem creditor idemque debitor est, in his casibus in quibus compensatio locum non habet, si solvit, non habet condictionem veluti indebiti soluti, sed sui crediti repetitionem. »

Quid sit indebitum?

Hactenus de solutione debiti verba fecimus, nunc igitur quid sit indebitum inquirendum esse videtur. Pro indebito aliquid habetur, quum ex eâ causâ solvitur, quæ omnino non exstitit, sed putatur exstitisse. Indebitum quoque solvitur quod ex eâ causâ solvitur quæ jure effectum non habet et ideo ad irritum cadit. Hinc quidquid ab hærede solutum fuerit ex testamento quod posteâ vel falsum, vel inofficiosum, vel irritum, vel ruptum apparuerit, repeti poterit.

Indebitum est quoque quod solutum est ex obligatione ex quâ liberatio jam erat. Indebitum verò solutum habetur, non solùm si omninò non debeatur, sed etiam si ex exceptione aliquâ perpetuâ peti non poterat. Indebitum est non solùm quod non debebatur, sed etiam quod quum alii deberetur, alii solutum est vel quod alicui solutum est tanquam a solvente solveretur, sed quod ab alio quodam debebatur. Hinc creditoris falso procuratori solventi, adversùs eum indebiti repetitio, non obligationis liberatio competit. Denique indebitum est quidquid solutum est plus quàm debebatur et igitur hoc quod plus erat repeti potest.

II. — Oportet ut nulla fuerit causa propter quam solveretur.

Haud repeti poterit, licet indebitum solutum fuerit, si fuit aliqua causa solvendi, verbi gratiâ causa pietatis, hæc enim repetitionem inhibet.

Hinc « mulier, si in ea opinione sit ut credat se pro dote obligatam, quidquid dotis nomine dederit, non repetit. Sublata enim falsa opinione, relinquitur pietatis causa ex quâ solutum repeti non potest.

Sed sunt duæ causæ præcipuæ e quibus non repeti potest indebiti datum, scilicet judicati et transactionis.

Quamobrem si lato judicio quodam iniquo quis condemnatus fuit solvere, solutum non repetitur.

Hinc Antonius : « Pecuniæ indebitæ, per errorem, non ex causa judicati solutæ, esse repetitionem jure condictionis non ambigitur. »

Sed ad inhibendam condictionem non satis est ut se falsò condemnatum quis existimet, quum nulla reverâ condemnatio fuerit.

Si quis igitur, quasi ex compromisso, condemnatus falso solverit, repetere potest.

Sed non repeti potest quidquid transactionis nomine datur, quamvis media res nulla fuerit, namque si lis fuerit, illud solum, scilicit litem fuisse, causa esse videtur.

Ità se res habet si transactio vires habeat « sin autem evidens calumnia detegitur, et transactio imperfecta est, et repetitio debetur. »

Multò minus repetitioni obstat transactio quæ non intercessit.

Transactionis causâ datum habetur quidquid a reo solvitur ex his causis quæ per inficiationem crescrunt; quippe tunc solvisse videtur ut pœnam vitaret quæ inficiatione nascitur.

III. — Oportet ut quis ignorans indebitum solverit.

Et quidem, si quis indebitum ignorans solvit, per hanc actionem condicere potest.

Sed si sciens se non debere solvit, cessat repetitio.

Si quis igitur cui perpetuâ exceptione tuendi semet copia erat, quum sciret cœterùm hanc sibi exceptionem profuturam, aliquid tamen promiserit ut liberationem suam festinaret, ille condicere non potest.

Et quidem illi qui sciens indebitum nihilominus dedit hoc consilio ut deinceps repeteret, repetendi facultas non est.

Quis autem ignorans, quis sciens intelligitur? Dicendum est eum non videri scienter indebitum solvere, qui scit quidem se non obligari, sed falso putans aliquam esse causam obligationis naturalis, quæ reverâ non exstat, solvit.

Hinc « si quis falsò se sortem debere credens, usuras solverit, potest condicere, nec videtur sciens indebitum solvisse. »

Cui competat condictio indebiti?

Hanc actionem ei cujus nomine solutum est competere docent Diocletianus et Maximianus ita rescribentes : « Si per ignorantiam facti, non debitam quantitatem pro alio solvisti, et hoc, adito rectore provinciæ, fuerit probatum, hanc ei cujus nomine soluta est restitui, eo agente providebit. »

Hinc « si indebitum tutor impuberis nomine numeraverit, impuberis condictio est. »

Hæc autem condictio non datur ei qui solvit alterius nomine. Attamen utilis actio ei qui solvit secundùm œquum et bonum accommodatur.

Interdùm hæc utilis condictio competit ei qui nec ipse solvit, nec cujus nomine solutum est.

« Divus enim Hadrianus circâ inofficiosum et falsum testamentum rescripsit, actionem dandam ei secundùm quem de hæreditate judicatum est. »

Adversus quem competat?

Pecunia condicitur adversus eos tantùm « quibus quomodo soluta est, non quibus proficit.

Attamen alicui solutum esse intelligitur, non solùm quum ipsi, sed etiam quum alteri eo jubente solvitur vel expro mittitur.

Inde « si procuratori falsò indebitum solutum sit, ità demum a procuratore repeti non potest, si dominus ratum habuerit, sed ipse dominus tenetur, » ut Julianus scribit.

DROIT CIVIL

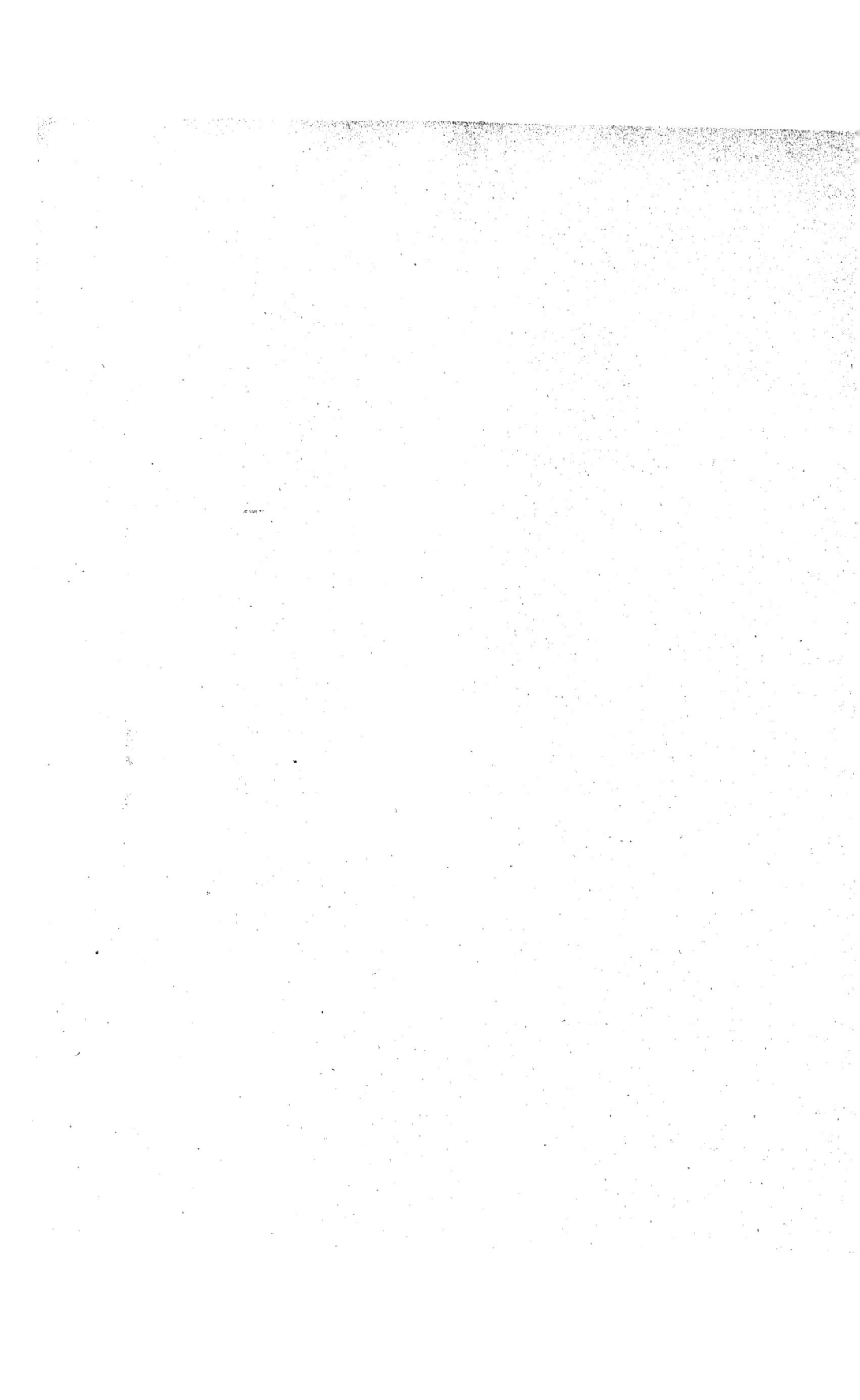

DROIT CIVIL

DU PAIEMENT DES DETTES HÉRÉDITAIRES

(ART. 870 A 882 ET ART. 1220.)

La contribution et l'obligation aux dettes sont deux idées essentiellement différentes qu'il faut soigneusement distinguer. La première indique la part pour laquelle chaque successeur du défunt doit y participer, la seconde, celle pour laquelle il peut être poursuivi. C'est à ce double point de vue que nous étudierons la matière dans les développements qui vont suivre.

Et d'abord, mentionnons les personnes qui sont tenues de l'obligation aux dettes du défunt :

Au premier rang se trouvent les héritiers légitimes, qui continuant sa personne juridique, sont censés être les auteurs des actes d'ou dérivent ses obligations et ses droits et sont par conséquent investis de toutes les actions actives et passives qui lui compètent.

Viennent ensuite les successeurs irréguliers, les légataires et donataires universels ou à titre universel. En soumettant ces derniers à l'obligation de payer les dettes héréditaires, le législateur est parti d'une idée différente ; il a fait l'application de ces maximes d'équité naturelle « que ceux qui luttent « pour éviter une perte sont plus favorables que ceux qui luttent pour la « réalisation d'un gain; qu'il ne doit y avoir de place pour les libéralités que

3

« quand les créanciers sont désintéressés; enfin qu'il n'y a de biens que déduc-
« tion faite des dettes. » Mais aussi comme conséquence de ce qu'ils ne
représentent pas la personne du défunt, qu'ils ne sont tenus des dettes que
parce qu'ils détiennent les biens héréditaires, il résulte qu'à la différence des
héritiers légitimes qui sont tenus *ultra vires successionis* ils ne sont tenus
eux que dans la limite de l'émolument qu'ils recueillent. L'art. 871 dispose
que sauf l'action hypothécaire sur l'immeuble légué, le légataire particulier
n'est pas tenu des charges de la succession. Toutefois cette proposition doit
être sagement entendue, elle ne signifie pas que dans tous les cas, quelque soit
le montant de l'actif et le montant du passif, le legs devra être acquitté intégralement; il faut l'entendre en ce sens : que si l'excédant de l'actif sur le passif
est égal ou supérieur au montant des valeurs léguées, tous les legs seront
acquittés en totalité ; que s'il est inférieur, chacun des legs doit subir une
réduction proportionnelle ; que si l'actif est absorbé par le passif tous les legs
sont frappés de caducité.

En principe donc et sous le bénéfice des observations qui précèdent, les
légataires particuliers sont affranchis de toute contribution aux dettes. Mais
que, si les immeubles légués sont grevés d'hypothèques, les créanciers
inscrits pourront en poursuivre la vente et se faire payer sur le prix dans la
mesure et suivant l'ordre de leurs inscriptions.

On sait en effet que le but de l'inscription est de conférer aux créanciers,
en outre du droit de préférence, un droit de suite qui leur permettant de
reprendre dans les mains des tiers acquéreurs l'immeuble grevé quelque soit
d'ailleurs le fait juridique qui l'a fait sortir des mains du débiteur. Mais les
légataires particuliers nonobstant cette éviction conservent un recours contre
qui de droit, car c'est de leurs propres deniers qu'ils ont éteint la dette
d'autrui.

Exposons maintenant les considérations qui ont déterminé le législateur à
conférer aux légataires particuliers la prérogative de ne pas contribuer au
paiement des dettes. — La première c'est l'intention probable du testateur.

En effet celui qui lègue une quotité ne détermine pas l'émolument dont il veut gratifier le légataire, il laisse une fraction de son patrimoine sans se préoccuper de son importance. Celui qui détermine au contraire la somme qu'il veut laisser précise l'étendue de la libéralité qu'il veut faire et témoigne d'une manière expresse son désir de voir ses volontés suivies d'exécution. La deuxième est une considération d'ordre public, la loi a voulu prévenir des conflits, des procès et un circuit d'actions.

Maintenant que nous avons traité des personnes soumises aux dettes, fixons la part contributoire de chacune d'elles. Les héritiers contribuent entre eux au paiement des dettes en proportion de ce qu'ils prennent à la succession en qualité d'héritiers ou plus simplement en proportion de la part pour laquelle chacun d'eux représente le défunt. Seulement nous verrons bientôt que si la part contributoire est proportionnelle à la part héréditaire, les héritiers légitimes peuvent être poursuivis au delà de leur émolument. Notre proposition s'applique dans tous les cas aux simples successeurs aux biens ; ils ne supportent jamais qu'une part correspondante à la fraction qu'ils recueillent.

Chacune des dettes se divise de plein droit entre les héritiers et, chacun d'eux en est tenu envers les créanciers proportionnellement à la part pour laquelle il représente le débiteur auquel ils succèdent. D'ou la conséquence qu'il n'existe aucune solidarité entre les héritiers, et que même dans l'hypothèse de l'insolvabilité de l'un d'eux les créanciers ne pourraient pas recourir contre le co-héritier quand même il resterait à celui-ci un excédant d'actif après l'aquittement de sa part héréditaire dans la dette. Cette solution est sans doute fâcheuse pour les créanciers, mais c'est une punition de leur négligence; ils pouvaient échapper à ce danger en demandant l'apposition des scellés, ou, si le terme de leurs créances était échu, le paiement avant le partage, ou bien encore la séparation des patrimoines contre les héritiers. Le fait par l'un ou plusieurs des héritiers d'avoir accepté sous bénéfice d'inventaire n'empêche pas la division des dettes et la restriction à leur part héréditaire de la poursuite des créanciers. La précaution qu'il a prise ne peut pas être retournée contre lui.

La présence des successeurs aux biens en concours avec des héritiers légitimes ne diminue pas l'obligation de ceux-ci. Ils peuvent dans tous les cas être poursuivis chacun dans la mesure pour laquelle il représente le défunt, sauf l'action qui lui est ouverte contre les successeurs aux biens pour la répétition de la part de dettes *qu'il a acquittée*, corrélative à la part d'actif que ces derniers ont recueilli.

Mais les créanciers peuvent, s'ils le préfèrent, agir directement contre les successeurs aux biens. Cependant comme le recours des héritiers légitimes contre les successeurs aux biens pourrait être illusoire par suite de leur insolvabilité nous croyons qu'ils pourraient obliger ces derniers à payer d'avance leur part contributoire dans les dettes ou à donner caution pour la garantie de ce recours éventuel.

Dans la plupart des cas il y a corrélation entre la contribution et l'obligation aux dettes ; mais dans certaines hypothèses déterminées, un héritier peut être contraint de payer dans les dettes une part plus forte que sa part héréditaire. Cet accident se produira dans les évènements suivants :

1º Lorsque le défunt a laissé tout à la fois des héritiers légitimes et des simples successeurs aux biens. En effet nous avons vu plus haut que l'héritier légitime peut être poursuivi pour le tout, sauf son recours contre ces derniers.

2º Lorsque les contribuables sont convenus dans le partage de la succession, que telle dette sera payée en totalité par l'un d'entre eux. On sait qu'entre co-héritiers toutes les conventions amiables licites sont obligatoires par conséquent elles font la loi des parties, mais elles n'ont aucun effet à l'égard des créanciers qui pourront, s'ils le préfèrent, agir contre chacun des contribuables proportionnellement à sa part active ; seulement chaque contribuable pourra actionner en garantie celui d'entre eux qui a été chargé du paiement de la dette entière.

3o Lorsque la dette est indivisible ; lorsque elle est d'un corps certain ; lorsque le *de cujus* est convenu avec son créancier que la dette serait acquittée par tel de ses héritiers présomptifs ;

4o Enfin lorsque la dette était du vivant même du débiteur garantie par une hypothèque.

Nous avons déjà dit que le légataire particulier d'un immeuble hypothéqué est soumis aux poursuites des créanciers ; mais soit qu'il les désintéresse en payant le montant de la valeur inscrite, soit qu'il délaisse l'immeuble, soit qu'il subisse l'expropriation forcée il conserve un recours contre les héritiers du défunt. Car il est de principe que les successeurs à titre particulier ne sont pas soumis au paiement des dettes héréditaires. Ce recours est assuré :

1o Par une action de gestion d'affaires garantie elle-même par une hypothèque légale sur tous les immeubles de la succession, hypothèque qui lui donnera le droit de les faire vendre et de les poursuivre entre les mains des tiers acquéreurs.

2o Par l'action qui appartenait aux créanciers désintéressés.

Cette action peut paraître inutile si l'on considère qu'il est déjà investi d'une hypothèque générale, mais nous remarquerons que cette hypothèque ne s'étend qu'aux immeubles existant dans la succession, qu'elle n'a pu être inscrite qu'après la mort du *de cujus*, tandis que celle qu'il tient des créanciers peut avoir une date antérieure ; son action n'est garantie que par une simple hypothèque, tandis que celle des créanciers peut être accompagnée d'un privilège sur certains meubles.

La subrogation pourrait encore lui servir même dans l'hypothèse où les créanciers auxquels il est subrogé n'aurait hypothèque que sur l'immeuble légué. Car, si le prix qu'il a distribué n'est pas suffisant pour désintéresser tous les créanciers inscrits sur l'immeuble et, s'il est évincé par ceux qui ne l'ont pas été, il pourra leur opposer le bénéfice de la subrogation.

L'héritier qui paie le total d'une dette hypothécaire, acquiert contre ses cohéritiers l'action hypothécaire du créancier primitif ; mais il ne l'acquiert que fractionnairement pour être exercée contre chacun d'eux dans la mesure de la proportion de dettes dont il est personnellement tenu. Quoique subrogé au créancier originaire, il ne peut pas agir pour le tout contre son co-héritier, qui a dans son lot un immeuble hypothéqué à la même dette. Ceci a été admis pour conserver l'accord et l'harmonie dans les familles et pour maintenir l'application de la maxime « *quem de evictione tenet actio, eumdem agentem repellit exceptio.* » Si le recours de l'héritier est illusoire par suite de l'un ou plusieurs de ses co-héritiers, il supporte avec eux, et au marc le franc, la perte qui en résulte.

Quand il existe dans la succession un ou plusieurs immeubles affectés par hypothèque au paiement d'une rente perpétuelle, voici le procédé le plus sûr pour en opérer le partage. Si l'hypothèque est spéciale, les héritiers peuvent demander le remboursement de la rente avant l'opération du partage, ou bien la mettre à la charge exclusive d'un co-héritier, en ayant soin de ne lui compter l'immeuble grevé que pour sa valeur, déduction faite du capital de la rente.

Si l'hypothèque est générale, la première solution est seule possible ; si la rente est viagère, l'art. 872 cesse d'être applicable, car d'une part, les rentes viagères ne sont ni remboursables ni rachetables, et d'autre part, les recours d'héritiers à héritiers qu'on a voulu éviter sont moins dangereux, car le service de la rente ne doit avoir qu'une durée limitée.

Les titres exécutoires contre le défunt le sont contre les héritiers, seulement dans un intérêt d'humanité, la loi prescrit aux créanciers de ne commencer les poursuites que huit jours après la notification faite à personne ou à domicile, de l'existence des titres. Cette notification peut être adressée pendant les trois mois et quarante jours accordés aux héritiers pour faire inventaire et délibérer ; mais ceux-ci peuvent arrêter l'effet des poursuites dirigées contre eux en opposant l'exception dilatoire de l'art. 174 du code de procédure civile. Nous ne croyons pas que les titres exécutoires contre le défunt le soient contre les successeurs aux biens, et ce, parce qu'ils ne continuent pas sa personne, qu'ils ne le représentent pas.

On sait que d'après les principes reçus en matière de succession, l'héritier pur et simple d'une succession passe dans tous les droits actifs et passifs du défunt et qu'il devient son représentant légal. Il résulte de cette confusion que les créanciers du défunt deviennent ses créanciers personnels et réciproquement. Or, cette décision peut dans certains cas devenir très fâcheuse pour les créanciers héréditaires. Supposons en effet, que la succession possède cent et doive cinquante ; que les biens de l'héritier vaillent cinquante et qu'il ait cent de dettes, il résultera de la confusion des personnes juridiques que les patrimoines seront confondus, et que les créanciers héréditaires et les créanciers de l'héritier, ayant pour gage le patrimoine commun, ne recevront sur le prix qui en résultera qu'un dividende proportionnel au montant de leurs créances respectives. Or, dans l'espèce les créanciers héréditaires qui, par suite de l'excédant de l'actif sur le passif de la succession, auraient été intégralement payés, ne recevront rien du tout par suite du concours des créanciers personnels de l'héritier. Aussi, pour éviter ce résultat inique, la loi accorde aux créanciers du défunt le droit de demander la séparation des patrimoines, qui leur permet d'être payés par préférence aux créanciers personnels de l'héritier sur les biens personnels de la succession. Toutefois, l'exercice de ce droit ne leur est ouvert que sous la condition qu'ils n'auront pas accepté l'héritier pour débiteur. Cette acceptation s'induira, par exemple, de ce qu'ils auront stipulé de lui un gage, une hypothèque, ou bien encore de la saisie de ses biens personnels.

D'où nous tirons la règle suivante : que les créanciers, qui demandent la séparation des patrimoines, refusent par là même l'héritier pour débiteur ; que les créanciers qui l'acceptent pour débiteur, renoncent par là même au droit de demander la séparation des patrimoines. »

Les créanciers du défunt qui ont demandé la séparation des patrimoines, perdent par là même le droit de concourir avec les créanciers de l'héritier sur ses biens personnels. Mais peuvent-ils au cas où ils n'ont pas été complètement désintéressés se faire payer sur l'excédant des biens de l'héritier, après l'acquittement de ses dettes personnelles ? Nous pensons qu'il faut décider la question affirmativement; car, la séparation des patrimoines est une fiction introduite dans l'intérêt exclusif des créanciers, et ne dépouille pas l'héritier de sa qualité ; il doit par conséquent, sauf les restrictions apportées par la loi, rester exposé à toutes les conséquences de son titre. On voit par là la différence qui distingue la séparation des patrimoines demandée par les créanciers du défunt de celle résultant du bénéfice d'inventaire ; et nous en concluons qu'il n'est pas sans intérêt pour l'héritier d'accepter bénéficiairement, même dans l'hypothèse où la séparation des patrimoines a été obtenue. On controverse beaucoup la question de savoir si, en cas d'acceptation bénéficiaire de l'héritier, les créanciers héréditaires ont intérêt à demander la séparation des patrimoines. La négative nous paraît fondée.

La séparation peut être demandée par les légataires particuliers, les créanciers chirographaires, et même par les créanciers privilégiés ou hypothécaires ; ces derniers ayant intérêt parce que leur hypothèque ne peut être que spéciale, tandis que le droit de préférence résultant de la séparation est toujours général. Ensuite, il pourrait se faire qu'en cas de confusion, les créanciers de l'héritier lui opposassent un privilège préférable à leur hypothèque. Remarquons que la séparation ne favorise les créanciers du défunt qu'à l'encontre de ceux de l'héritier ; elle ne modifie pas les rapports existant entre eux et les légataires ; ainsi ils seront payés entre eux d'après le degré de faveur que la loi attache à leurs créances.

Chaque héritier peut négliger d'exercer le droit de séparation qui lui est ouvert, sans que sa position, par rapport à ses co-héritiers, soit compromise.

La seule différence qui en résultera c'est qu'il sera obligé pour sa part héréditaire de subir le concours des créanciers de l'héritier tandis que les autres viendront pour leur part et portion par préférence à ces derniers.

La demande en séparation des patrimoines ne s'introduit pas par une assignation ordinaire, car elle devrait être faite collectivement et, il se pourrait que tous les créanciers ne fussent pas connus ; ce qui serait jugé à l'égard des uns ne le serait donc pas à l'égard des autres, ou bien elle serait donnée à chacun individuellement, et il en résulterait des frais et des lenteurs considé-

rables. En effet le droit de séparation des patrimoines est un droit de préférence, un privilège et dès lors il est tout simple qu'il s'exerce de la même
manière que les privilèges. Or les privilèges s'exercent dans les ordres par la
réclamation qu'en fait le créancier qui se prétend privilégié ; donc il suffit que
le privilège résultant de la séparation des patrimoines soit opposé devant le juge
commissaire de l'ordre c'est-à-dire de la distribution par contribution.

Le droit de préférence résultant de la séparation des patrimoines s'exerce :
1° Sur les biens dont le défunt était propriétaire à son décès même sur les
créances qu'il avait contre l'héritier, car un des effets de la séparation c'est
d'empêcher la confusion de se produire; 2° sur tous les fruits civils ou naturels
échus ou perçus depuis le décès du *de cujus* et provenant des biens de la
succession. Les choses données par acte entrevifs à ses héritiers ou à l'un
d'eux et qui sont soumises au rapport ou à réduction ne sont pas comprises
dans les biens dont les créanciers ont droit de demander la séparation.

Le droit de demander la séparation des patrimoines se perd par la renon-
ciation, par la confusion c'est-à-dire quand il y a impossibilité de distinguer
les biens du défunt d'avec ceux de l'héritier, par la prescription et par l'aliénation des biens héréditaires du chef de l'héritier. Les créanciers peuvent renoncer
au droit de demander la séparation soit expressément soit tacitement en
acceptant l'héritier pour débiteur.

La confusion, sauf les rentes et créances qui sont des droits incorporels et
peuvent toujours être très facilement reconnus, se produira à l'égard des
meubles toutes les fois qu'il sera impossible de distinguer ceux du défunt de
ceux de l'héritier. Pour la sauvegarde de leurs droits les créanciers devront
donc soumettre à un inventaire estimatif et descriptif les objets mobiliers
existant dans la succession. Ils peuvent même les faire vendre pour le prix en
être déposé à la caisse des dépôts et consignations, si mieux n'aime l'héritier
donner caution de les représenter en temps et lieux.

Le droit de demander la séparation se prescrit par le laps de trois ans
quant aux meubles, et pour les immeubles trente ans conformément aux règles
du droit commun.

4

L'aliénation des biens de la succession meubles ou immeubles par l'héritier fait aussi perdre aux créanciers du défunt le droit de demander la séparation des patrimoines ; mais l'hypothèque consentie par l'héritier n'y fait pas obstacle et les créanciers héréditaires sont payés par préférence aux créanciers inscrits sur le prix de l'immeuble hypothéqué. La séparation de la créance du prix de l'immeuble aliéné peut être demandée s'il n'a pas été payé, puisque la confusion ne s'opère pas à l'égard des créances, mais la séparation doit en être demandée dans les trois ans, car les créances sont des biens mobiliers et nous savons qu'à l'égard des meubles le droit de la demander se prescrit par trois ans.

Les créanciers de l'héritier n'ont pas le droit de demander la séparation contre le défunt. En effet ils savaient, quand ils ont reçu ses engagements, qu'ils conservaient la faculté de l'obliger de nouveau et dans toute la limite de son crédit. En n'exigeant aucune garantie spéciale ils se sont exposés volontairement aux risques de son insolvabilité, il est donc juste qu'ils supportent les conséquences de leur témérité. Toutefois si l'acceptation de l'hérédité a été faite en fraude de leurs droits, ils peuvent la faire rescinder conformément au principe doctrinal de l'art. 1167.

PROCÉDURE CIVILE

PROCÉDURE CIVILE

VÉRIFICATION DES ÉCRITURES

(Art. 193 et suivants du Code de procédure civile.)

Il y a deux espèces de titres servant à établir nos droits ; les actes authentiques et les actes sous seing privé.

Les premiers font pleine foi des conventions qu'ils renferment et c'est à celui qui les combat à en prouver la fausseté. Les seconds, au contraire, ne font foi que si celui auquel on les oppose ne les conteste pas ou s'ils sont judiciairement reconnus.

Si la partie à laquelle on oppose une acte sous seing privé en est prétendue signataire, elle doit le reconnaître ou le dénier ; si elle est seulement son héritière elle n'a que la faculté de le *méconnaître* ou de le tenir pour sincère.

La procédure à suivre pour obtenir la reconnaissance d'un acte sous seing privé contesté porte le nom de vérification d'écritures. Elle suppose que la pièce à vérifier a été présentée et que la partie adverse mise ainsi en demeure de la reconnaître ou de la dénier en a contesté la sincérité.

De la demande en reconnaissance d'écritures.

Elle peut être formée avant même que le droit constaté dans le titre, soit exigible. Le délai d'assignation est de trois jours francs sans permission du juge.

La demande en reconnaissance d'écritures peut avoir un triple objet : La reconnaissance de la signature, ou la reconnaissance de l'écriture du titre et de la signature ou enfin la reconnaissance de l'écriture seulement. Si le demandeur prétend que la personne assignée est l'auteur du titre, cette personne assignée doit déclarer nettement qu'elle est ou n'est pas l'auteur de cette pièce ou de cette signature. Si le demandeur prétend seulement que la personne que représente la partie assignée est l'auteur de l'écrit, la partie assignée n'a qu'à déclarer qu'elle connaît ou ne connaît point l'écriture ou la signature de la personne dont elle tient la place. Si la partie assignée reconnaît l'acte, le tribunal constate cette reconnaissance, et tout est terminé. Cet acte ainsi reconnu a, entre les parties et leurs ayant droit la même force qu'un acte authentique.

Si la partie assignée ne comparaît pas, le défaut est prononcé contre elle et l'écrit tenu pour reconnu sans examen préalable : dérogation à la règle que le défaut ne doit être adjugé au demandeur que si les conclusions sont justes et vérifiées.

Si la partie assignée comparaît et dénie l'écrit qui lui est opposé, les juges ordonneront la vérification, à moins qu'il ne résulte des débats de l'affaire la preuve soit de la fausseté, soit de la sincérité de l'écrit. Au premier cas, on écartera, au second cas on admettra la pièce produite sans autre formalité.

De la vérification des écrits déniés ou méconnus.

La loi admet trois moyens de vérification : On pourra faire la vérification soit par titre, soit par témoins, soit par experts.

Vérification par titres. — On produit des titres non contestés émanant de celui même à qui on attribue la pièce du litige et contenant relatés soit la teneur même de cette pièce, soit des faits assez précis et assez importants pour en établir la sincérité.

Vérification par témoins — Cette preuve est admise même dans les cas ou la convention attestée par l'écrit en litige aurait pour objet une valeur de plus de 150 francs. Cette preuve repose sur cette considération à savoir : qu'il n'a pas été possible au bénéficiaire du titre de se procurer d'avance une preuve écrite de sa véracité. Les témoins ne devront être interrogés que sur ce point de fait : La pièce a-t-elle été écrite ou signée par le défendeur. La pièce doit être paraphée par les témoins et il doit en être fait mention ainsi que du refus d'accomplir cette formalité.

Vérification par experts.— Cette vérification consiste à déduire la fausseté ou la sincérité de la pièce produite, de ses rapports de dissemblance ou de ressemblance avec d'autres pièces reconnues comme émanant de l'auteur prétendu de la pièce en litige. Les rapports sont constatés et appréciés par trois experts nommés par les parties d'un commun accord ou désignés par le jugement même qui ordonne la vérification. En matière ordinaire les parties peuvent ne nommer qu'un expert. Ici la gravité de l'affaire et la difficulté de la vérification exigent qu'elles recourent aux lumières de trois experts. Le jugement qui ordonne la vérification désigne aussi le juge-commissaire qui la dirigera, il ordonne en outre que la pièce à vérifier soit déposée au greffe après que son état aura été constaté par le greffier, et qu'elle aura été signée et paraphée : 1° par le demandeur ou son avoué ; 2° par le greffier. Ceci a lieu pour empêcher toute substitution de pièces. Le tribunal fixe un délai pour ce dépôt, et le défenseur doit être sommé de venir y assister. S'il ne s'y rend pas, notification lui est faite du dépôt accompli. Dans les deux cas, il y a trois jours pour prendre en communication la pièce produite ; ce délai court du jour du dépôt si le défendeur y a assisté, de la notification dans l'hypothèse contraire. La pièce est prise en communication par le défendeur, son avoué ou son mandataire spécial, du reste sans déplacement. La personne qui prend en communication paraphe le titre et le greffier dresse un procès-verbal.

Il faut avant que les pièces choisies pour termes de comparaison aient été écrites ou signées par le défendeur et qu'ils ne les conteste pas. Il importe donc qu'il soit d'accord avec le demandeur sur les titres qui seront produits. A cette fin le juge-commissaire, par une ordonnance, fixera un jour où les parties comparaîtront devant lui. La partie la plus diligente fera parvenir à l'autre cette décision soit par acte d'avoué à avoué, s'il y a eu de part et d'autre constitution, soit par exploit d'huissier, remis à partie et à domicile par un huissier commis dans le cas contraire.

Il peut alors se présenter quatre hypothèses :

1º Le demandeur en vérification d'écriture ne comparaît pas : la pièce par lui produite est rejetée.

2º Le défendeur ne comparaît pas : le tribunal pourra tenir la pièce pour reconnue ou, s'il le juge convenable, ordonner la vérification qui se fait alors sur les pièces produites par le demandeur.

3º Les deux parties comparaissent et conviennent à l'amiable des pièces avec lesquelles se fera la comparaison ; le juge-commissaire dresse procès-verbal et la vérification commence.

4º Les deux parties comparaissent mais ne peuvent s'entendre. Le juge-commissaire choisit alors lui-même les pièces qui seront produites pour la vérification. Mais il ne peut prendre que certaines pièces : Il peut prendre soit des signatures apposées à des actes judiciaires, en présence d'un juge ou de son greffier, soit des pièces écrites et signées par le défendeur en qualité d'officier public, soit les signatures et écritures privées reconnues par celui à qui est attribué la pièce à vérifier ; soit enfin le surplus de la pièce à vérifier, quand une partie seulement est déniée ou méconnue.

Le jugement qui prononce défaut contre le demandeur ou le défendeur et celui qui contient le choix des pièces à produire doivent être rendus par le tribunal lui-même.

Tout détenteur de pièces de comparaison est tenu de les fournir. On admet cependant que le dépositaire d'un acte dont la production pourrait lui causer du dommage ne sera tenu de l'exhiber, que si le demandeur offre de prendre à sa charge les conséquences pécuniaires, par exemple, les condamnations fiscales que cette production pourrait entraîner. Les dépositaires publics sont tenus de cette obligation comme de simples particuliers. Le délai pour l'apport des pièces est fixé par le juge-commissaire qui tient compte des distances. Si les dépositaires sommés de comparaître ne comparaissent pas, le juge-commissaire dresse procès-verbal de leur non-comparution et déclare qu'il en serait fait rapport au jour indiqué. Ce procès-verbal est signifié avec assignation de comparaître à l'audience au jour indiqué ; le tribunal prononce sur le rapport du juge-commissaire,

En principe les pièces doivent être apportées dans le lieu même où elles seront vérifiées. Néanmoins si elles ne pouvaient être déplacées, le tribunal pourrait ordonner que la vérification en serait faite au lieu même du dépôt par le juge-commissaire assisté du greffier si ce lieu n'était pas fort éloigné ; par un juge de Paix ou un juge ordinaire désigné par le tribunal de ce lieu, s'il était en dehors de la juridiction du tribunal qui a été saisi de la demande en vérification.

Si, les pièces pouvant être déplacées, ceux qui les détiennent sont très éloignés du tribunal de la vérification, la même décision peut être prise, mais le tribunal peut aussi ordonner que le déplacement se fera. Toutefois si le dépositaire est un officier public, il devra avant de se dessaisir des pièces en faire une copie qui sera collationnée sur l'original et signée par le président du tribunal et son greffier. Cette copie sera mise au rang de ses minutes, si c'est un notaire et tiendra place de l'original jusqu'au renvoi des pièces ; si le dépositaire est un simple particulier, il pourra se faire donner par un notaire et aux frais du demandeur une copie de l'acte original qu'il est obligé de déplacer et qu'il craint de perdre. Mais il ne pourra pas se faire donner exécution contre le dépositaire officier public pour le recouvrement de ses frais. Il n'aura que la ressource de l'action en indemnité contre qui de droit. Les dépositaires peuvent obtenir du juge-commissaire la permission d'assister à toutes les séances de la vérification pour retirer leurs pièces après chaque vacation.

Comment on procède si les pièces de comparaison sont insuffisantes ou s'il n'en a pas été produit.

Le juge-commissaire peut, d'office ou sur la demande du poursuivant, ordonner que le défendeur fera, sous la dictée des experts, un corps d'écriture,

5

le demandeur présent et dûment appelé. Le juge-commissaire assistera à cette opération. Si le défendeur refuse de faire le corps d'écriture ou fait défaut, le juge-commissaire le constate et renvoie l'affaire à la prochaine audience. Le tribunal, sur son rapport, peut déclarer que la pièce sera tenue pour reconnue.

Vérification proprement dite.

La partie la plus diligente requiert le juge-commissaire de fixer par une ordonnance le jour, l'heure et le lieu ou le dépôt sera fait. Ce jour fixé, les experts et les dépositaires seront assignés par exploit et la partie par acte d'avoué à avoué si elle en a constitué un ; par exploit au cas contraire, à venir dans le lieu désigné à l'heure et au jour indiqué. Il est dressé procès-verbal et copie en est donnée aux dépositaires ainsi que du jugement. Les experts prêtent serment, les pièces sont produites ou le corps d'écriture fait. Si les parties ont alors quelque réclamation à faire, elles doivent les consigner sur le procès-verbal du juge-commissaire ; puis elles se retirent. Les experts procèdent alors à la vérification au greffe devant le greffier ou devant le juge, s'il l'a ainsi ordonné. Les experts doivent auparavant prêter serment. En principe, les experts sont tenus de dresser un rapport commun et motivé, ne contenant qu'un avis, à la pluralité des voix. S'il y a des avis différents, le rapport les fera connaître sans les personnifier. Ce rapport est annexé à la minute du procès-verbal du juge-commissaire sans qu'il soit nécessaire que les experts affirment de nouveau et par serment qu'il est sincère et impartial.

Du jugement qui statue sur la vérification, et de ses effets.

Le juge n'est pas lié par le rapport des experts. Il doit prononcer uniquement d'après sa conviction et il peut, s'il le juge convenable, ordonner une nouvelle expertise ou appeler des témoins pour confirmer ou combattre celle qui a déjà eu lieu. Que s'il prononce sa décision et qu'il déclare que la pièce est émanée de celui auquel on l'attribue, ce défendeur est condamné aux dépens du procès, aux dommages et intérêts que de droit, à une amende de 150 francs. Il pourra même être contraint par [corps au paiement de ces trois dettes et du principal même de la contestation. Si le tribunal décide que la pièce est émanée de celui qui représente le défendeur, ce dernier ne sera tenu que des dépens et des dommages et intérêts. Enfin, si le tribunal reconnaît que la pièce ne doit être attribuée ni au défendeur, ni à celui dont il se trouve l'ayant cause, les frais de l'instance en vérification retombent sur le demandeur.

L'acte qui, après vérification, a été tenu pour reconnu, a la force d'un acte authentique contre ceux qui l'ont souscrit et leur ayant cause. Il en est de même de l'acte reconnu volontairement par la partie à laquelle on l'oppose. Cette reconnaissance ou cette vérification fait naître, au profit du créancier une hypothèque sur les biens du débiteur. Mais cette hypothèque ne peut produire d'effet qu'à défaut de paiement de la dette après son échéance.

DROIT COMMERCIAL

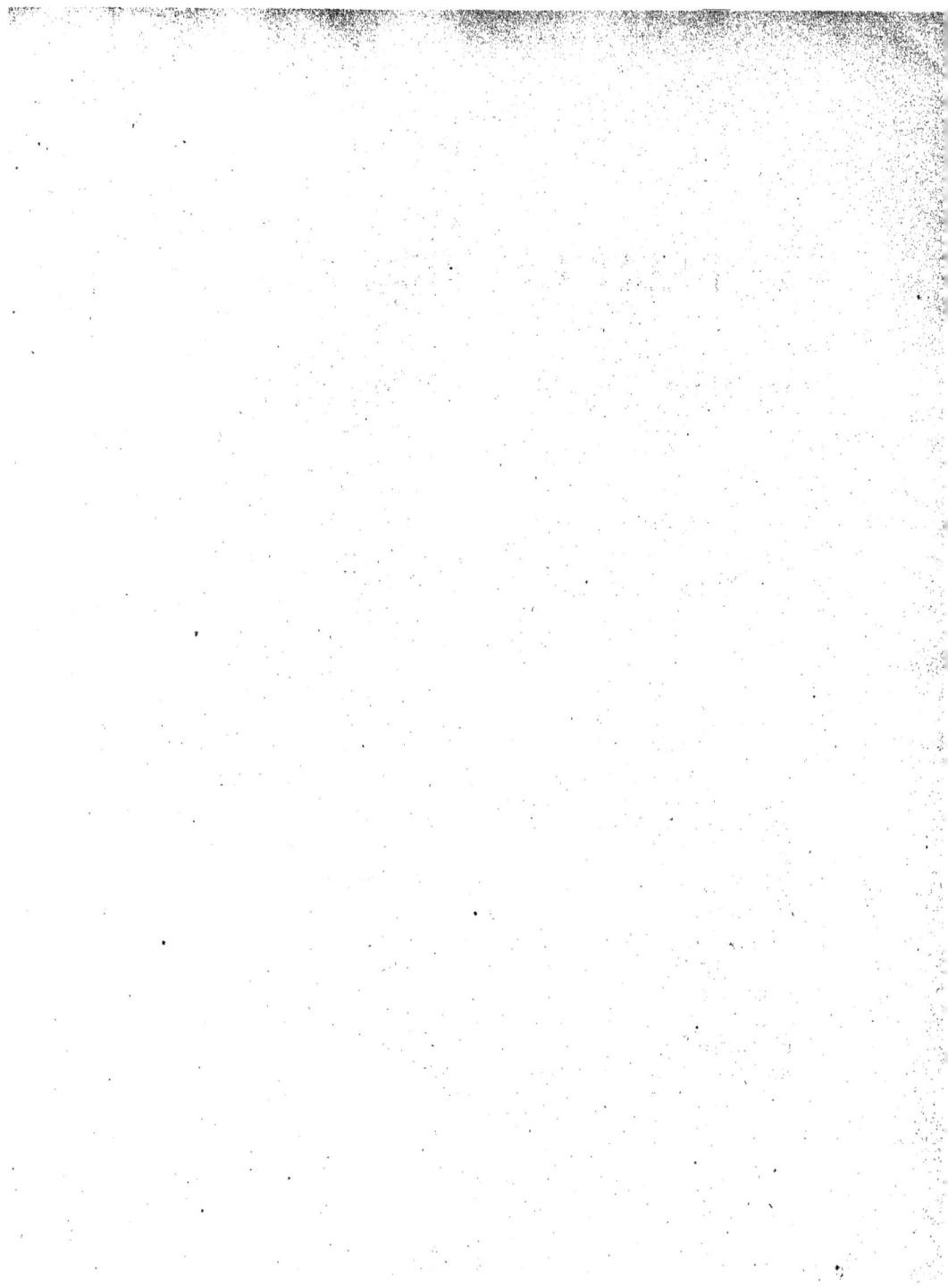

DROIT COMMERCIAL

PRINCIPES DU CONTRAT DE CHANGE

Le change est le commerce de l'or et de l'argent , soit en monnaie, soit en lingot. Il ne comprend pas, de prime abord, le commerce s'appliquant à l'or et à l'argent, puisque ce ne sont pas des marchandises.

Le monde civilisé a passé par trois étapes. Les relations entre les hommes ont d'abord revêtu la forme de l'échange, puis de la vente ; puis vint, en dernier lieu , l'idée du contrat de change. Le jurisconsulte Paul nous dit , en parlant de la vente, qu'elle a sa source dans l'échange. Autrefois, dit-il, on ne distinguait pas les marchandises et l'or. Chacun échangeait ce qui lui était inutile contre ce qui lui était utile ; mais, comme il arrivait rarement que vous eussiez ce que je cherchais, et moi, ce qui vous faisait besoin : alors, dit Paul, on chercha une valeur qui, publiquement et irrévocablement fixée, pût servir de terme de comparaison et pût faire disparaître les inconvénients de l'échange en représentant une quotité toujours égale.

On distingue deux espèces de change : le change manuel ou local (*cambium locale*) et le change tiré (*cambium trajectitium*). Le change manuel est celui qui se réalise sur place ; ainsi, quand on va chez un banquier changer des billets contre de l'or ou de l'or contre des billets, ou bien des lingots contre de la monnaie.

Le change tiré consiste dans l'obligation, prise par une personne, de payer une somme d'argent, mais dans un lieu autre que celui où la promesse est faite. Ces deux contrats de change se ressemblent, en ce qu'ils sont tous deux fondés sur la variation des monnaies, mais ils diffèrent en ce que le premier se réalise sur place, tandis que le deuxième, au contraire, doit se réaliser d'une place sur une autre place. Donc, le contrat de change tiré est celui par lequel une personne s'engage à payer une somme ailleurs qu'à l'endroit où la promesse est faite. Pour le créancier, on comprend l'utilité de ce contrat : car il peut avoir besoin d'argent ailleurs que là où il s'en fait promettre, et l'on a voulu éviter, autant que possible, les dangers de transport d'argent. Le contrat de change, en effet, est né au moyen âge, c'est-à-dire, à une époque où les routes étaient peu sûres et où les affaires se contractaient en de certains endroits et surtout dans des foires.

Dans le contrat de change, le débiteur peut promettre lui-même de payer, et alors, c'est le contrat de change pur, ou bien il peut s'engager à faire payer par une personne, en son nom, et alors, c'est la lettre de change. Le contrat de change et la lettre de change se ressemblent donc en ce que, dans les deux cas, il y a obligation de la part d'une personne envers une autre personne, de payer une créance ailleurs que là où la promesse est faite et aussi en ce que la lettre de change revêt la forme extérieure du contrat de change. Le contrat de change et la lettre de change diffèrent en ce que le contrat de change, pour être parfait, ne réclame l'intervention que de deux personnes tandis que la lettre de change réclame l'intervention de trois personnes. Car la lettre de change contient en réalité deux contrats : Un contrat de change entre créancier et débiteur et un contrat de mandat entre débiteur et tiers : Ceci est très important car tantôt il faut appliquer les règles du mandat, tantôt celles du contrat de change.

Personnes qui interviennent dans la lettre de change.

Celui qui s'engage à faire payer dans un autre lieu s'appelle tireur *(souscripteur de l'effet.)*

Celui qui a reçu mandat de payer s'appelle tiré parce que c'est sur lui que l'engagement est pris *(mandataire ou débiteur ;)*

Celui en faveur de qui est tiré la lettre de change s'appelle preneur *(créancier;)*

La lettre de change est une lettre conçue en termes solennels par laquelle une personne appelée tireur prévient une autre personne appelée tiré d'avoir à payer pour son compte une somme d'argent à l'ordre d'un tiers créancier en retour d'une somme fournie et ailleurs que là où la promesse est faite. La lettre de change est ainsi construite : Il vous plaira de payer à l'ordre de Monsieur un tel la somme de tant dans tel lieu ; c'est là la lettre de change dans toute sa simplicité. Mais autour de ce noyau central sont venus se grouper des additions successives. Aujourd'hui la lettre de change est avant tout un instrument de crédit, un papier-monnaie destiné à remplacer le numéraire et à servir à une foule d'opérations. En effet la lettre de change sera cédée. Pour faciliter cette circulation on a eu recours à un mode de cession simple appelé endossement et qui consiste dans la simple mention de cession sur le dos de la lettre. Quand la lettre arrivera à échéance, elle sera ordinairement couverte de cessions et elle aura d'autant plus de facilité de circulation qu'elle aura été plus facilement cédée.

Cette cession s'appelle endossement : On appelle endosseur le cédant et porteur le cessionnaire. De là résultent des conséquences entre le contrat de change et la lettre de change.

1° Le contrat de change est un contrat consensuel c'est-à-dire qu'il est parfait par le seul consentement des parties. La lettre de change au contraire est un acte solennel et elle n'existera qu'après que toutes les formalités de l'art. 110 auront été remplies. La lettre de change est un contrat solennel parce qu'elle fait office de papier monnaie; donc, comme la monnaie il faut qu'elle porte une empreinte.

2° De ce que la lettre de change est un papier de crédit, il s'ensuit que le tireur est toujours tenu de payer, si la personne à laquelle il a ordonné de payer ne paye pas. Au contraire dans le contrat de change les rapports de débiteur et de créancier restent les mêmes et entre les mêmes personnes.

6

3º En matière de lettre de change il faut que le débiteur donne simplement mandat à une tierce personne de payer mais en lui en fournissant les moyens ; c'est ce qu'on exprime en disant qu'il faut qu'il fasse provision.

4º Celle-ci est complétement dérogatoire au droit commun. En matière de lettre de change, le cédant non seulement garantit l'existence de la créance, mais répond encore de la solvabilité présente et future du débiteur cédé et ceci afin de favoriser le crédit, en effet on ne prend une lettre de change que si on est sûr d'être payé ; voilà pourquoi quand une lettre de change a été sûrement endossée, elle a tant de crédit.

En Allemagne et en Angleterre, les lettres de change n'ont pas besoin d'être tirées d'un lieu dans un autre.

DROIT ADMINISTRATIF

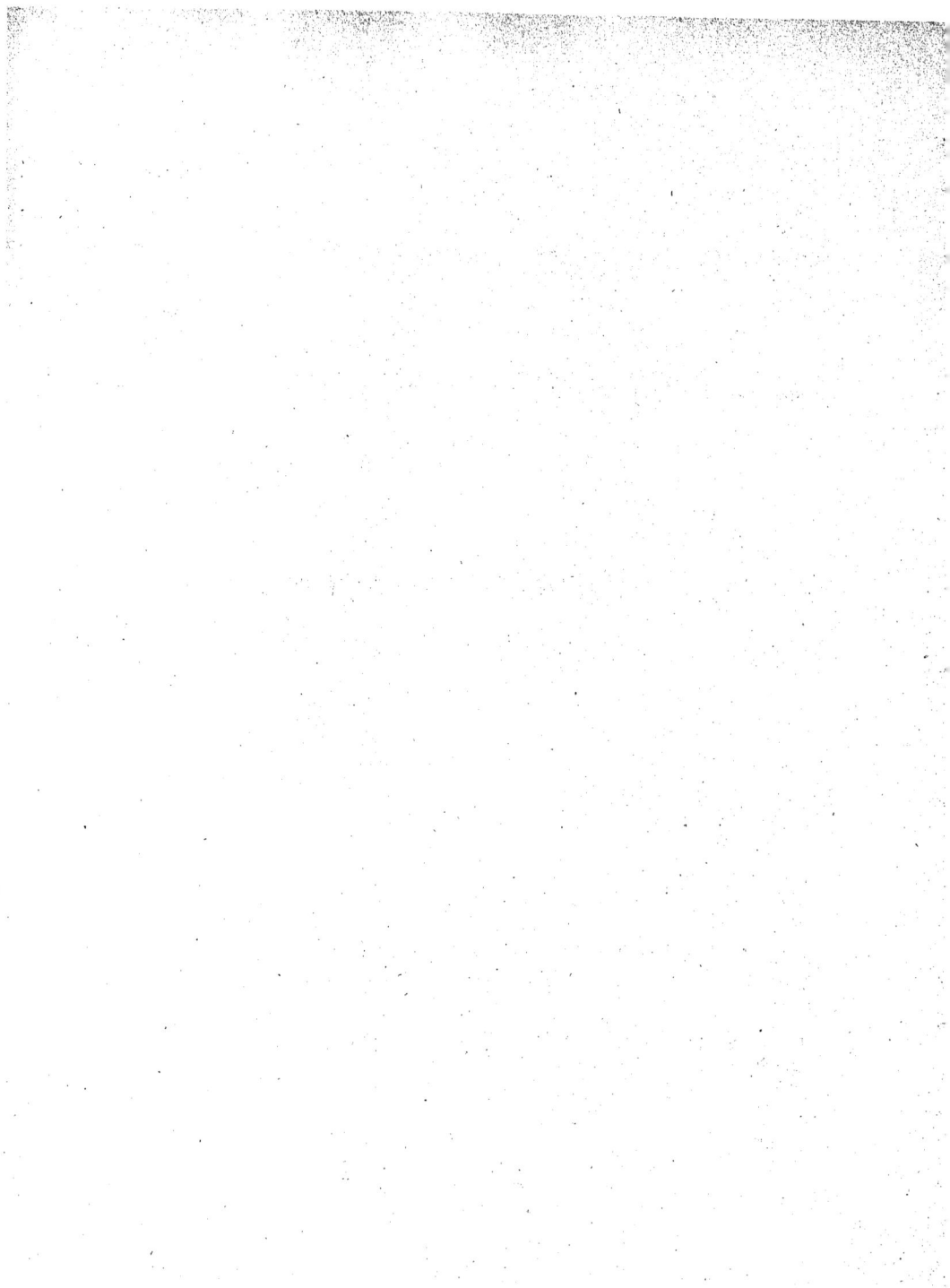

DROIT ADMINISTRATIF

DE LA JURIDICTION CONTENTIEUSE DES MINISTRES

Les ministres, comme les préfets, mais dans des cas plus nombreux, sont appelés a se prononcer sur les matières contentieuses administratives.

Caractères généraux de la juridiction contentieuse des ministres.

1° Les ministres, comme juges du contentieux administratif, constituent un tribunal administratif général.

2° Le ministre constitue le tribunal ordinaire et de droit commun en matière contentieuse administrative.

3° Le ministre constitue un tribunal du degré inférieur, c'est-à-dire, il ne juge jamais en dernier ressort.

Les ministres sont chacun, dans leur département ministériel, juges d'appel toutes les fois que la loi le leur accorde. Ils y sont les juges ordinaires et de droit commun dans toutes les matières contentieuses intéressant directement leur département.

Chaque ministre juge, en appel, les recours formés devant lui contre les décisions contentieuses des préfets, dans tous les cas où ces recours doivent ou peuvent lui être soumis avant d'aboutir au Conseil d'État.

Avant 1793, le conseil des ministres, sous la présidence du roi, était appelé à exercer la juridiction contentieuse d'une manière suprême.

A partir de 1793, il n'y eut plus de conseil des ministres, et alors chaque ministre fut le juge ordinaire et de droit commun de toutes les matières contentieuses qui touchaient à son département ministériel.

C'est devant chaque ministre, et chacun dans les limites de son département ministériel, qu'à défaut d'un texte précis, doivent être portées les matières contentieuses.

Quels sont les principaux cas où s'exerce la juridiction contentieuse des ministres, lorsque la réclamation fondée sur un droit est portée directement au ministre?

Il y a trois cas principaux qui sont :

1° Toutes les questions qui se rattachent aux pensions de tout ordre, soit civiles, soit militaires.

2° La liquidation des créances contre l'État ; application des déchéances aux titulaires de ces créances.

3° Les marchés de fournitures pour le compte de l'État.

I

Les textes les plus généraux sur les pensions de retraite sont :

Première catégorie. — Loi des 3-22 Août 1790 et Décrets du 13 Septembre 1806, dont les dispositions, d'abord plus générales, ne s'appliquent plus actuellement qu'aux ministres, aux conseillers d'État, aux sous-secrétaires d'État, aux préfets et aux sous-préfets.

Seconde catégorie. — Loi du 11 avril 1831 et celle du 25 janvier 1861 complément de la première sur les pensions de retraite de l'armée de terre.

Troisième catégorie. — Loi du 18 avril 1831 et celle du 26 juin 1861 sur les pensions de retraite de l'armée de mer.

Quatrième catégorie. — Loi du 9 juin 1853 et le règlement d'administration publique du 9 novembre 1853, sur les pensions civiles de retraite.

Tel est l'ensemble des textes généraux sur les pensions de retraite.

Quels sont en matière de pensions de retraite les droits de chaque ministre?

Tout fonctionnaire qui croit avoir droit à une pension de retraite adresse sa demande et les pièces justificatives au chef de l'administration à laquelle il appartient : et celui-ci adresse le tout avec son avis, au ministre de son département. La liquidation est faite par le ministre compétent qui la soumet au conseil d'Etat, avec l'avis du ministre des finances. C'est par décision ministérielle que le droit est reconnu ou repoussé ; mais c'est par décret du Président de la République qu'est déterminée le *quantum* de la pension.

Les conditions générales de pensions de retraites civiles sont : soixante ans d'âge accomplis et trente ans de service accomplis.

Le recours ouvert en cette matière contre les décisions des ministres est porté au conseil d'Etat.

II

Comme liquidateurs de la dette publique, les ministres, chacun pour son département, sont chargés de liquider les créances contre l'Etat et de leur appliquer les lois de déchéance.

Toute créance contre l'Etat n'est exigible que lorsqu'elle a été liquidée par le ministre compétent.

Cette liquidation (décret du 31 mai 1862) consiste à reconnaître si la créance est certaine et liquide, c'est-à-dire régulièrement établie et à vérifier si le *quantum* en est nettement déterminé.

Une des conséquences de ce pouvoir liquidateur est de réserver au ministre et à lui seul le pouvoir de prononcer des déchéances de créances contre l'Etat. D'après la loi du 29 janvier 1831, tout créancier qui n'a pas pris les mesures nécessaires pour se faire payer dans un délai de cinq ans, à partir de l'ouverture de l'exercice financier auquel se rapportait sa créance, est déchu.

Les créanciers domiciliés hors d'Europe ont six ans.

Le recours au conseil d'Etat est toujours réservé dans les trois mois.

III

LES MARCHÉS DE FOURNIRURE POUR LE COMPTE DE L'ÉTAT

La législation a varié tout d'abord. Les contestations s'élevant au sujet des fournitures étaient portées devant les tribunaux de l'ordre judiciaire. La loi du 12 vendémiaire an VIII conféra les contestations des marchés de fournitures à chaque ministre.

Le ministre ne statue comme juge que sauf recours au conseil d'Etat.

Procédure devant les ministres.

Cette procédure est plus simple et plus sommaire que devant les conseils de préfecture. Il n'y a ni avocat, ni avoué, ni débat oral, ni publicité, ni intervention du ministère public. L'instruction se fait uniquement par écrit. La demande introductive d'instance se fait par pétition sur papier timbré ; cette pétition est signée par le demandeur.

Aux termes des articles 5 et 6 du décret du 2 novembre 1864, lorsqu'une partie privée fait auprès du ministre une demande en matière contentieuse administrative, elle a le droit de demander et d'exiger qu'il lui soit délivré récépissé constatant la date de la réception et de l'enregistrement au ministère de la réclamation.

Voies de recours.

Elles sont au nombre de trois :

1° *L'opposition.* — Elle ne sert qu'aux arrêtés rendus par défaut. Elle sera portée devant le ministre qui aura rendu l'arrêté, et elle sera faite par pétition sur papier timbré. Elle est recevable jusqu'à ce que des actes d'exécution aient été nécessairement connus de la partie défaillante.

2° *L'appel.* — En matière contentieuse administrative, le ministre ne statue jamais en dernier ressort ; par conséquent, contre tous les arrêts rendus en matière contentieuse par le ministre, l'appel est recevable. L'appel est porté devant le conseil d'Etat.

3° *La tierce-opposition.* — La tierce-opposition n'a lieu que dans des cas extrêmement rares.

Vu : *Le Professeur, président de Thèse,*
Chevalier de la Légion d'Honneur,

L. Grellaud.

Vu et permis d'imprimer.

Le Recteur de l'Académie d'Aix, officier de la Légion d'Honneur,

VIEILLE.

6810   Toulon. — Imp. F. ROBERT.

Toulon. — Typ. F. ROBERT, boulevard de Strasbourg, 56.